MEMOIRE HISTORIQUE SUR LES DROITS D'AMORTISSEMENS, ET DE NOUVEAUX ACQUESTS

CONTENANT,

Leur origine, le précis des Reglemens rendus sur ce fait ; ce qui est assujetti au payement d'iceux, & ce qui en est exempt.

A PARIS,
Chez la Veuve SAUGRAIN ET PIERRE PRAULT, Imprimeur des Fermes & Droits du Roy, Quay de Gêvres, au Paradis.

M. DCC XXVI.

AVEC PRIVILEGE DU ROY.

INSTRUCTION CHRONOLOGIQUE

POUR la Regie & Perception des Droits d'Amortissemens, Francs-Fiefs & nouveaux Acquests.

AMORTISSEMENS.

SUIVANT les Loix fondamentales de l'Estat, les Gens de main-morte sont incapables d'acquerir ni posseder aucuns biens fonds.

Les Roys ont bien voulu les relever de cette incapacité, moyennant une Finance, en consequence de laquelle il leur a été permis de les posseder.

Cette Finance a été appellée le Droit d'Amortissement.

Ce Droit est le plus ancien de la Couronne & inséparable de la Dignité Royale.

Il a été établi avant Saint Loüis, & exercé sous son Regne; tous les Roys ses Successeurs en ont joüi comme d'un Droit patrimonial & imprescriptible.

Il consiste au tiers dans les Provinces du dedans du Royaume, pour tous les biens fonds qui relevent directement du Roy, tant à titre d'Appanage que d'engagement.

Au cinquiéme, pour ceux mouvans en arriere-Fief du Roy, en franc-aleu, franche-Bourgade, ou situées dans la Censive de Sa Majesté, ou relevant en Fiefs de Seigneurs particuliers.

Au sixiéme, pour ceux en Censive de Seigneurs particuliers.

Et dans les autres Provinces du Royaume; Sçavoir.

Dans le Comté de Bourgogne, sur le pied de cinq années de revenu pour les biens nobles, & de trois pour ceux en roture.

Dans les Provinces de Flandres, Haynault & Artois, sur le pied de trois années de revenu, sans distinction de leur qualité pour les Communautés & Fabriques, & d'une année & demie pour ceux des Hôpitaux, Charitez ou Pauvretez.

Et dans la Province du Roussillon sur le pied du quart des biens acquis.

Il y a eu plusieurs recherches de ces Droits, avant & depuis la Declaration du 19. Avril 1639.

Celles antérieures à ladite Declaration ont été reglées avec le Clergé assemblé à Mante, à cinq millions, par Contrat du 14. Aoust 1641. moyennant quoi, il lui fut accordé un Amortissement general jusqu'audit jour 14. Aoust; lequel a été confirmé par la Declaration du mois de Juillet 1648.

Et celles qui ont été ordonnées depuis, sont plusieurs Traités & differentes Fermes; Sçavoir.

Traité de Fumée.

En 1689. le Traité de Fumée par la Declaration du 5. Juillet, qui a compris tous les biens acquis par les gens de main-morte qui étoient dénommés dans ledit Contrat depuis le 14. Aoust 1641. jusqu'au 5. Juillet 1689. Et à l'égard de ceux [illegible] depuis le premier Janvier 1600. jusqu'au 5. Juillet 1689.

En 1694. il fut ordonné le Recouvrement desdits Droits dans le Comté de Bourgogne seulement, par Declaration du [illegible] Fevrier, dont Fumée fut chargé.

Traité de Bidel pour la Flandre, auquel Martin Aubert fut subrogé.

En 1695. celui de Bidel, par Declaration du 22. Novembre, pour les Provinces de Flandres, Haynault & l'Artois seulement, depuis l'année 1681. & avant, pour les biens qui n'avoient pas été valablement amortis, lors de la recherche de Juillet, dont le Recouvrement avoit été ordonné par Arrest du premier Juin 1680. depuis 1662. auquel Traité de Bidel, Martin Aubert fut subrogé.

Traité de Chaplet.

En 1700. un Traité & une Ferme sous le nom de Chaplet, par la Declaration du 9. Mars, le Traité a commencé depuis le cinq

Juillet 1689. jusqu'au dernier Décembre 1699. dans les Provinces du dedans du Royaume, où la levée en avoit été faite, en exécution de la Declaration dudit jour cinq Juillet.

Dans le Comté de Bourgogne, depuis le 16. Février 1694. jusqu'audit jour premier Janvier.

Et dans les Provinces de Flandres, Haynault & Artois, depuis le 22. Novembre 1695. jusqu'au premier Janvier 1700.

La Ferme a commencé le premier Janvier 1700. jusqu'au dernier Decembre 1701. qu'elle a été resiliée. *Ferme de Chaplet.*

En 1704. Autre Traité dudit Chaplet par la Declaration du 4. Octobre, depuis le premier Janvier 1702. jusqu'au 4. dudit mois d'Octobre, auquel Martin Aubert a été subrogé par la Declaration du 9. Mars 1706. dans lequel Traité ont été comprises les Rentes constituées à prix d'argent depuis le premier Janvier 1600. dans les Provinces du dedans du Royaume seulement & dans celle du Haynault, depuis ledit jour premier Janvier 1702. jusqu'audit jour 4. Octobre 1704. *Traité d'Aubert.*

En 1708. celui de le Liévre, par Edit du mois de May 1708. depuis le 4. Octobre 1704. jusqu'au premier May 1708. *Traité de le Liévre.*

Le même Edit ordonna une Ferme à l'avenir depuis ledit jour premier May, & créa des Offices de Receveurs & Contrôlleurs Generaux desdits Droits dans chacune Province & Generalité du Royaume, avec attribution aux Trésoriers de France dans chaque Generalité, des contestations qui naîtroient au sujet de la perception desdits Droits, ausquels il fut accordé moitié du produit desdits Droits, & de l'autre moitié, il en fut fait une Ferme par Résultat du Conseil du 23. Octobre 1708. à Claude l'Heritier. *Ferme de l'Heritier pour la moitié des Droits.*

Et en attendant la vente desdites Charges & la levée des augmentations de Gages qui avoient été crées par le même Edit en faveur desdits Trésoriers de France, dont ledit le Liévre étoit chargé; il fut dit qu'il joüiroit de moitié desdits Droits attribués ausdits Offices de Receveurs & Contrôlleurs Generaux.

Ces Charges n'ayant pas été levées aussi bien que les augmentations de Gages, le Roy les supprima par Edit du mois de Septembre 1710. & par le même Edit ordonna une Ferme qui fut adjugée à Joseph Sadet, à commencer la joüissance depuis le premier May 1708. à la charge par lesdits le Liévre & l'Heritier de lui remettre les sommes qu'ils avoient reçûës, laquelle Ferme n'a duré que six années onze mois, commencées ledit jour premier *Ferme de Sadet.*

May 1708. & finie le dernier Mars 1715. au moyen de la résiliation qui a été faite du Bail dudit Sadet par Edit du mois de Février suivant.

Ferme de Normand.

En 1715. il y a eu la Ferme de Normand, ordonnée par le même Edit, qui n'a duré que trois années neuf mois, à compter depuis le premier Avril jusqu'au dernier Decembre 1718. à cause de la résiliation qui a été faite dudit Bail.

Ferme de Lambert.

En 1719. celle d'Aymard Lambert, qui n'a duré [illegible] à cause de pareille résiliation.

Ferme de Pillavoine.

Et en 1720 celle d'Armand Pillavoine, [illegible] a été ordonnée à son profit au Bail dudit [illegible] des 29. Aoust & premier Septembre 1720. [illegible]

Cette Subrogation est pour neuf années qui ont [illegible] le premier Janvier 1720. & qui finiront le dernier Decembre 1728.

Ce Droit est dû par les Gens de main-morte, qui sont les Ecclesiastiques [pour raison des biens dépendans de leurs Benefices] les Communautés seculieres & regulieres de l'un & de l'autre sexe, & par les Communautés laïques ; Sçavoir.

Pour les acquisitions qu'ils font d'immeubles.

Pour les biens qu'ils acquierent tant à titre d'échange, que pour augmenter leur clôture.

Pour ceux qui en font partie, lorsqu'ils en tirent un revenu en les loüant à des particuliers, ou les vendant à vie.

Pour les dons & legs qui leur sont faits par Testamens, donations entre-vifs ou autrement, soit de sommes mobiliaires à charge d'emploi, soit d'immeubles ou de Rentes constituées pour fondations perpetuelles, à l'exception des legs faits pour les Hôpitaux.

Pour les biens que lesdits Gens de main-morte ont retirés des Détempteurs aliénataires, ou dans lesquels ils sont rentrés, à quelque titre que ce soit, même avant l'expiration des Baux Amphitheotiques qu'ils en auroient fait ; encore que lesdits biens fussent entierement amortis.

Pour les bâtimens qu'ils font construire sur leur terrain, & dont ils tirent un revenu, à la déduction néanmoins du tiers, pour le fonds amorti ; conformément à la Declaration du mois de Juillet 1702. au lieu du quart, qui leur avoit été ci-devant accordé par la Declaration du 5. Juillet 1689.

Pour toutes les augmentations faites sur lesdits bâtimens à

proportion de l'augmentation des loyers, conformément à l'Arrest du 10. Decembre 1719. rendu en interpretation de la Declaration du 16. Juillet 1702. en ce qui concerne les bâtimens que les Gens de main-morte font réedifier ou augmenter,

Et generalement pour tous les biens qu'ils acquierent à quelque titre que ce soit, à l'exception néanmoins de ceux qui sont donnés aux Hôtels-Dieu, & Hôpitaux où l'hospitalité est exercée, ou qui sont acquis à leur profit & des fondations ou legs pour les Ecoles de Charité, ou le bouillon des Pauvres des Paroisses, ensemble des acquisitions faites pour la décoration des Villes & des deniers provenans des remboursemens de rentes amorties, pourvû que les Gens de main-morte ayent observé les formalités prescrites par l'Arrest du 11. Juillet 1690. qui sont de déclarer par le Contrat de remploi, les debiteurs de la rente dont le remboursement aura servi à payer le prix de l'acquisition & y joignant une Grosse des Actes de création ou constitution desdites rentes, portant faculté de les racheter avec copie de la quittance de remboursement qui en aura été fait, ensemble l'extrait du payement des Droits d'Amortissement qu'ils auront payé pour raison desdites rentes, sans quoi ces acquisitions sont sujettes au Droit d'Amortissement.

Le recouvrement de ces Droits doit être fait conformément à la Declaration du 9. Mars 1700. & aux Edits des mois de May 1708. Septembre 1710. Declarations & Arrests rendus en consequence.

Le Bail de Pillavoine ayant commencé le premier Janvier 1720. & devant finir le dernier Decembre 1728. les Droits d'Amortissement lui appartiennent sur tous les biens ci-dessus specifiés à compter du jour de son époque.

Pour découvrir cette matiere, le Directeur fera fournir aux Gens de main-morte, des Declarations des biens qu'ils acquereront pendant le cours de son Bail, conformément aux Edits, Declarations & Arrêts concernant lesdits Droits, & fera chercher au Contrôlle des Actes, ceux qui sont passés par lesdits Gens de main-morte, pour en lever des Extraits chez les Notaires qui les auront reçûs, ausquels il est dû six sols pour chaque Extrait, suivant l'Article 25. de l'Edit du mois de May 1708.

Il recommandera aux Buralistes des Actes des Notaires & Insinuations, de faire des nottes de tous les Actes qui leur sont apportés sujets ausdits Droits ; comme les Testamens où il y aura

Nota. *Dans la Province de Flandre, Haynault & Artois où il n'y a point de Controlle des Actes, il faut avoir recours aux Greffiers des dépôts pour prendre les nottes des Actes sujets aux Droits.*

des legs en faveur des Gens de Main-morte, les donations entre vifs d'immeubles, faites à leur profit ou acquisitions, ainsi qu'il leur a été ordonné par la Lettre de Messieurs les Directeurs de la Compagnie des Indes du 11. Decembre 1719. & d'en remettre tous les mois des Extraits bien circonstanciez.

Il tiendra pour cet effet la main à ce que les Buralistes soient exacts à prendre lesdites Nottes ; & de lui en remettre tous les mois les Extraits, pour les envoyer ensuite à la Compagnie, afin d'en faire dresser les contraintes, & observera qu'il n'est point dû de deux sols pour livre en ferme, & qu'il est deffendu de les faire payer sur peine de concussion : ainsi il recommandera aux Commis de ne les point exiger comme on avoit coûtume de faire dans les Traitez, ce qui n'étoit permis aux Traitans que pour leur tenir lieu des frais de leur Recouvrement.

FRANCS-FIEFS.

Selon les Loix fondamentales du Royaume, il n'est permis qu'aux Nobles de posseder des Fiefs ; mais la Noblesse s'étant épuisée aux Croisades, par les dépenses qu'elle avoit été obligée de faire pour soûtenir la Guerre contre les infideles, elle se trouva dans la necessité de vendre ses biens pour la continuer, & comme il n'y avoit pour lors que les Roturiers en état de les acquerir, on leur en accorda la permission en 1255. à condition de payer une certaine somme.

C'est ce qu'on appelle Droit de Francs-Fiefs.

Ce Droit consiste en une année de joüissance.

Il a été levé de vingt en vingt ans jusqu'en l'année 1656. que le Roy accorda par Edit du mois de Novembre un affranchissement dudit Droit, à tous les Roturiers, à charge de payer deux années du revenu des Fiefs qu'ils possedoient alors.

Cet affranchissement fut confirmé en faveur desdits redevables par autre Edit du mois de Mars 1672. en payant le revenu de trois années desdits Fiefs ; Sçavoir une année pour le Droit de Franc-Fief depuis 1656. jusqu'en 1672. & deux années pour l'extinction & affranchissement dudit Droit pour lesdits Fiefs pendant leur vie seulement.

En 1692. Sa Majesté rendit au mois d'Aoust un autre Edit qui confirma l'affranchissement qui avoit été accordé à ceux qui avoient financé en consequeuce des Edits de 1656. & 1672. pour tous les Fiefs & biens nobles qu'ils possedoient pour lors & ordonna que ceux qui avoient acquis des Fiefs depuis 1672. à quelque titre que ce pût être, payeroient une année du revenu pour en joüir pendant vingt-années, à compter du jour de leur possession.

Fumée fut chargé de ce Recouvrement & fit payer une année de revenu sur le pied du denier vingt, pour vingt années à compter depuis 1672. jusqu'en 1692. à ceux qui étoient possesseurs en 1672. & qui ne s'étoient pas affranchis.

Il fit aussi payer ceux qui avoient acquis depuis 1672. pour vingt années d'avance à compter du jour de leur acquisition.

En 1695. le Roy ordonna par sa Declaration du 22. Novembre, un Recouvrement du Droit de Franc-Fiefs dans les Provinces de Flandres, Haynault & Artois seulement, depuis l'année 1681. & avant, pour les biens nobles dont les Droits n'avoient pas été payez dans la derniere recherche, laquelle avoit été ordonnée sous le nom de Juillet, depuis 1662. *Traité de Bidel.*

En 1700. il y a eû un Traité & une Ferme de ce Droit, sous le nom de Chaplet par la Declaration du 9. Mars. *Traité de Chaplet*

Le Traité comprit les acquisitions ou mutations faites depuis ledit Edit du mois d'Aoust 1692. jusqu'au premier Janvier 1700. avec les expirations d'affranchissement des acquisitions, depuis la fin de l'année 1672. à compter du mois d'Aoust, & celle des années subsequentes, jusqu'à la fin de 1699.

La Ferme n'a eû que les mutations arrivées pendant 1700. & 1701. qu'a duré ce Bail & les échéances d'affranchissemens de 1680. & 1681. *Ferme de Chaplet.*

En 1708. il y eut un Traité sous le nom de le Liévre, dont le Recouvrement fut ordonné par Edit du mois de May. *Traité de le Liévre.*

Ce Traité n'a eu que les mutations depuis le premier Janvier 1702. jusqu'au premier May 1708.

Et les expirations d'affranchissemens des acquisitions, depuis 1681. jusqu'au dernier Mars 1688.

Par cet Edit, il a été ordonné une Ferme dont Sadet a été chargé par l'Edit du mois de Septembre 1710. qui a duré six années onze mois, qui ont commencé le premier May 1708. & qui ont fini le dernier Mars 1715. *Ferme de Sadet.*

Dans cette Ferme sont tombées les expirations d'affranchissemens, depuis le premier May 1688. jusqu'au dernier Mars 1695. avec toutes les mutations arrivées pendant le cours du Bail.

Aprés cette Ferme a été ordonné celle de Normand, par Edit *Ferme de Normand.*

du mois de Février 1715. qui a duré trois années neuf mois, commencées le premier Avril 1715. & finies le dernier Decembre 1718.

Elle n'a eu que les mutations arrivées pendant le cours de son Bail, & les expirations d'affranchissemens de ceux qui avoient acquis depuis le premier Avril 1695. & pendant les années 1696. 1697. & 1698.

Ensuite il y a eu la Ferme de Lambert, dont le Bail n'a duré qu'un an au moyen de la subrogation qui y a été faite au profit d'Armand Pillavoine.

Ferme de Lambert.

Il ne s'est trouvé pendant le Bail dudit Lambert, que les mutations arrivées en 1719. & les expirations de 1699.

Et pendant la Subrogation dudit Pillavoine [qui est de neuf années commencées le 1. Janvier 1720. pour finir le dernier Decembre 1728. il y aura non seulement les mutations qui arriveront pendant le cours de son Bail; mais toutes les expirations d'affranchissemens de ceux qui seront encore Proprietaires des Fiefs qu'ils avoient acquis en 1680. ou 1700. 1681. ou 1701. 1682. ou 1702. 1683. & 1703. 1684. & 1704. 1685. & 1705. 1686. & 1706. 1687. & 1707. 1688. & 1708.

Il faut observer que le Droit de Franc-Fief est non seulement dû pour les Fiefs & Terres nobles, mais encore pour tous les Droits nobles & feodaux, Colombiers, Fuyes, Tryes, & Volieres principalement en Normandie où il y en a beaucoup, lesquels sont sujets audit Droit suivant l'Arrest du Conseil du [illegible]. Juillet [illegible]. de même que les Moulins à Bled, à Tan & tous autres à quelques [illegible] qu'ils soient établis.

Dans la recherche de 1692. le revenu des Colombiers fut fixé à cinquante livres.

Celui de Tryes & Volieres à 25. livres, suivant les décisions de Monsieur d'Argenson.

Et le revenu des Monlins fut estimé cent cinquante livres, deux cens livres & cent livres au moins; on peut aujourd'hui au défaut des [illegible], les estimer sur le même pied.

Dans les Provinces du dedans du Royaume, le Droit de Franc-fiefs se paye sur le pied d'une année de revenu au denier vingt pour vingt années de joüissance, à compter du jour de la possession.

Mais dans le Comté de Bourgogne il n'est dû qu'une fois seulement.

Nota. Cette ex-

Et dans les Provinces de Flandres, Haynault & Artois, il ne se perçoit

perçoit que sur le pied d'une année & demie pour toute la vie, sur le pied du denier vingt-cinq.

Lorsque l'on liquide ce Droit, si dans les dépendances des Fiefs ou biens nobles il se trouve des rotures, l'on en fait distraction aussi sur le pied du denier vingt, pour les Provinces du dedans du Royaume, & du denier vingt-cinq pour le Païs conquis n'y ayant que le Noble qui doit.

Ce Droit est dû à chaque mutation, hors dans les cas des Provinces cy dessus exceptées, il est personnel & le redevable qui le paye ne s'affranchit que pour lui-même & non pour d'autres; ensorte qu'un pere de famille qui auroit payé le 15. Janvier 1720. le Droit de Franc Fief d'un bien noble situé dans les Provinces du dedans du Royaume, lequel viendroit à mourir le 16. dudit mois, son fils à qui le bien écheroit, devroit un nouveau Droit pour son affranchissement, à compter du lendemain du décès de son pere.

ception ne se doit entendre que pour la ligne directe & collaterale; Car si dans le Comté de Bourgogne & dans les Provinces de Flandres, Haynault & Artois, la ligne directe ou collaterale change le bien qu'elle possede dans d'autres mains de particuliers qui ne soient rien à la famille, soit par Don, Acquisition ou autrement, le Droit est dû sans difficulté par les nouveaux possesseurs qui ne se trouveront ni parens ni alliez des Vendeurs au degré de l'Ordonnance.

Ceux qui ont payé en consequence des Edits des mois de Novembre 1656. & Mars 1672. la Finance ordonnée par lesdits Edits pour les Fiefs qu'ils possedoient alors & qui sont encore vivant, pourroient prétendre ne rien devoir pendant leur vie, suivant les dispositions de ladite Declaration du 16. Juillet 1702. soit pour les mêmes Fiefs; soit pour ceux qui leur seroient échus à quelque Titre que ce puisse être.

Mais le Recouvrement des Droits de Franc-Fiefs ayant été ordonné par l'Article 4. de l'Edit du mois de May 1708. sur tous les Roturiers sans distinction, pour les Fiefs & autres biens nobles par eux acquis à quelque Titre que ce puisse être depuis le premier Janvier 1702. ces Particulieas se trouvent dans le cas du Droit; même les Habitans des Villes privilegiées, qui dans les precedentes recherches auroient été confirmées dans l'exemption de ce Droit; Sa Majesté ayant derogé par ledit Edit à tous Edits & Declarations qui pourroient y être contraires.

Ainsi la Declaration dont ils pourroient se prévaloir ne peut avoir d'execution; en ce cas le Directeur doit les employer dans les projets de contraintes qu'il envoyera à la Compagnie, soit pour les acquisitions nobles qu'ils ont faites pendant le Bail de Pillavoine, soit pour les expirations d'affranchissemens qui tombent dans le cours de son Bail.

Pour cet effet, il recommandera aux Buralistes du Controlle des Actes, où le Controlle a lieu, & aux Greffiers des dépôts des Provinces de Flandres, Haynault & Artois, de faire des Extraits des Actes qui leur seront apportez, comme aveus & dénombremens, transports de Fiefs ou autres biens nobles qui peuvent servir à connoître le nom des Roturiers qui les possedent, lesquels contiendront leur demeures & la situation desdits biens; & de s'informer exactement des mutations qui s'en feront parmi les Roturiers; dont il lui en envoyera l'Etat tous les mois, afin qu'il les fasse comprendre dans les contraintes qui seront arrêtées par la Compagnie; aussi-bien que ceux dont l'époque des affranchissemens tombe dans la Ferme dudit Pillavoinne, comme les redevables qui ont acquis depuis le premier Janvier 1680. ou 1700. & qui vivent encore.

Il fera executer l'Arrest du Conseil du 22. Novembre 1712. qui ordonne que les redevables des Droits de Franc-Fiefs, seront tenus de fournir leurs declarations des biens nobles qu'ils possedent, à peine de confiscation & d'une amende du double desdits Droits pour ceux obmis, & enjoint aux Officiers des Paroisses, de fournir un Etat certifié des Fiefs & autres biens nobles situez dans leurs Paroisses, contenant le nom desdits biens & la qualité des possesseurs, à peine de cinq cens livres d'amende.

Cet Arrest est d'une grande utilité pour avoir une connoissance parfaite de tous les biens en Fief.

Il aura soin de le faire signifier à tous les Syndics & autres qui y sont dénommez, & aura recours à l'autorité de M. l'Intendant pour l'execution.

Quoique par plusieurs Coûtumes, il soit permis aux Seigneurs des Fiefs d'en vendre le Domaine utile & de s'en reserver la directe ou une rente Seigneuriale, dont ils ne se servent souvent que pour frustrer le Droit de Franc-Fief qui seroit dû par l'Acquereur, cependant ces sortes de biens sont regardez comme retenant au fond leur premiere nature, & il n'y a point de difficulté d'en faire payer le Droit de Franc-Fiefs, le Conseil n'ayant point égard à ces sortes de divisions, suivant les Arrests des 25. Février 1673. & premier May 1676. rendus dans la même espece.

Quand le Directeur aura reçû les contraintes des Amortissemens & Franc-Fiefs, il les fera signifier aux redevables avec commandement de payer moitié dans un mois du jour de la signification & l'autre moitié trois mois après.

Les oppositions qui seront formées à l'execution desdites contraintes, seront jugées sommairement par Messieurs les Intendans, conformément aux Arrests des 4. Novembre 1710. & 23. Janvier 1714.

Dans les contestations qui seront portées devant Messieurs les Intendans, le Directeur se renfermera dans les Décisions du Conseil de 1689. qui sont ensuite de la presente Instruction, & dans les Edits, Déclarations & Arrests qui lui ont été envoyez avec la presente Instruction.

Lorsqu'il se trouvera plusieurs saisies sur les redevables, ès mains de leurs debiteurs, precedentes à celle du Fermier, la preference lui appartiendra, suivant l'Arrest du 14. Aoust 1714. en vertu duquel le Directeur sera en Droit de contraindre les Debiteurs à payer sans qu'il soit besoin de le faire ordonner par aucun Juge.

Il envoyera à la Compagnie à la fin de chaque quartier, des Etats de dépoüillement, suivant le modele qui lui en a été envoyé par Messieurs les Directeurs de la Compagnie des Indes le 20. Fevrier 1720. afin de faire connoître la situation de son Recouvrement dans la Generalité dont la Regie lui est confiée,

---

INSTRUCTION

POUR les Directeurs & Commis employez au Recouvrement des Droits de Franc-Fiefs ordonné estre fait par les Arrests du Conseil des 11. Janvier & 14. Novembre 1716. & 16. Janvier 1717. sur les Particuliers possedans Fiefs, dont les Offices, Privileges & Exemptions ont été supprimez & revoquez, & réünis à la Regie de Charles Cordier, chargé de la Regie des Fermes du Roy & Droits y joints, par Arrests des 17. May & 19. Aoust 1721.

POUR que les Directeurs & Commis chargez de ces Droits, connoissent les Particuliers qui y sont sujets, ils doivent observer que les Suppressions desdits Offices & revocations de Privileges, sont établis par les Edits suivans, & que tous les Particuliers possedans Fiefs ou autres biens Nobles qui en étoient pourvûs, & qui joüissoient de l'exemption des Droits de Franc Fiefs, sont sujets ausdits Droits.

SÇAVOIR.

PAR celui du mois de Juin 1715. Sa Majesté à supprimé les Offices de Conseillers-Gardes des Sceaux,
Conseillers Gardes Scels,
Conseillers-Secretaires Audienciers,
Conseillers-Secretaires Controlleurs,
Et de Conseillers-Secretaires, Maison Couronne de France, par quelques Edits qu'ils ayent été créés, tant dans les Chancelleries établies près les Cours, Conseils Superieurs & Provinciaux, que dans les Chancelleries Présidiales du Royaume.

Par Edit du mois d'Aoust 1715. Article premier, tous les Annoblissemens accordez depuis le premier Janvier 1689. par Lettres moyennant finance, en consequence des Edits des mois de Mars 1696. May 1702. & Decembre 1711. ou autrement, ont été éteints & supprimez, & tous les Particuliers qui avoient été Annoblis, ensemble leurs enfans & descendans, même les enfans & descendans de ceux desdits Annoblis qui sont decedez, à la reserve de ceux que Sa Majesté jugera à propos de reserver, sont remis en pareil état qu'ils étoient avant l'acquisition desdits Annoblissemens.

Par Edit du mois de Juin 1716. les Echevins, Procureur du Roy, Greffier, & Receveur de l'Hôtel de Ville de Paris ont été rétablis dans leur Noblesse.

La Noblesse au premier degré qui avoit été accordée par l'Edit du mois d'Octobre 1704. à ceux des Officiers des Cours & Compagnies Superieures & Bureaux des Finances du Royaume, a pareillement été revoquée par l'Article II. dudit Edit du mois d'Aoust 1715. & lesdits Officiers, leurs enfans & descendans, ensemble les enfans & descendans de ceux qui sont morts revêtus de leurs Charges, sont remis au même & semblable état qu'ils étoient avant ledit Edit du mois d'Octobre 1704. Declarations & Arrests rendus en consequence, à l'exception néanmoins des Officiers du Parlement, Chambre des Comptes & Cour des Aydes de Paris, des Secretaires de la grande Chancellerie, & de ceux près les Cours & Présidiaux créez par Edit du mois de Juin 1715.

La Noblesse au premier degré qui avoit pareillement été accordée aux Officiers du Bureau des Finances de la Generalité de Paris, par Edit du mois d'Avril 1705. & aux Echevins, Procureur du Roy Greffier & Receveur de l'Hôtel de Ville de Paris, par l'Edit du mois de Novembre 1706. a été de même revoquée par les Articles IV. & V. dudit Edit du mois d'Aoust 1715. comme aussi celle attribuée par plusieurs Edits & Declarations à differens Officiers, tant Militaires, que de Judicature, Police & Finance, soit que ces Offices eussent été créez depuis le premier Janvier 1689. ou qu'ils le fussent auparavant ; mais encore la Noblesse graduelle accordée depuis le même tems, moyennant finance, en quelque maniere que ce soit, tant aux Corps & Compagnies qu'à quelques Officiers seulement qui n'en joüissoient pas avant l'année 1689. & lesdits Officiers, ensemble leurs enfans & descendans sont remis & rétablis au même état où ils étoient avant la concession de ce Privilege.

Il est encore revoqué par l'Article VI. de cet Edit, tous les Privileges & Exemptions attribuez aux Officiers, tant Militaires que de Judicature, Police & Finance créez depuis le premier Janvier 1689. dont la premiere finance est au dessous de dix mille livres.

Par l'Edit du mois d'Aoust 1716. les Offices de Conservateurs des Offices de France; Gardes des Bannieres & Archives du Châtelet de Paris, Gardes des Atchives des Cours & Jurisdictions, & Tresoriers de France, Conservateurs des Gages intermediaires, ont pareillement été supprimez.

L'Extrait des Edits cy-dessus est rapporté pour donner une idée juste aux Directeurs, de tous les Particuliers qui sont dans le cas du Recouvrement ; ils doivent donc sur ce plan s'attacher à les connoître dans l'étenduë de leurs Départemens, & ensuite rechercher exactement ceux desdits Annoblis & Officiers supprimez qui possedent des Fiefs & autres biens Nobles où ils sont situez, & la valeur à peu près, afin de les faire employer dans des contraintes pour une année du revenu d'iceux pour avoir la liberté d'en joüir pendant vingt-années, à compter du jour de la suppression & révocation de leur Noblesse, Offices, Privileges & Exemptions.

Et pour faciliter aux Directeurs cette connoissance, & leur donner lieu de n'obmettre aucun de ces Officiers ; on leur observe.

PREMIEREMENT.

QUE tous les Acquereurs d'Offices de Secretaires du Roy dans les Chancelleries établies près les Cours, Conseils Superieurs & Provinciaux, & dans les Chancelleries Présidiales du Royaume sont dans le cas du Recouvrement, pourveu qu'ils n'ayent point acquis aucuns des Offices de Secretaires du Roy près lesdites Cours, Conseils Superieurs & Provinciaux, & Chancelleries Présidiales créez par l'Edit du mois de Juin 1715.

Secretaires du Roy près les Chancelleries des Cours superieures & Présidiaux.

II.

QUE conformément à la Déclaration du Roy du vingt Mars 1717. les Titulaires, les veuves, enfans & descendans des Pourvûs desdits Offices de Secretaires du Roy, créez depuis 1689 dont la premiere finance est au dessous de dix mille livres sont pareillement dans le cas du Recouvrement, encore que les Titulaires soient decedez revêtus desdits Offices, ou qu'après les avoir possedez pendant vingt années, ils ayent obtenu des Lettres de Veterances, mais que ceux dont la premiere finance de dix mille livres est au dessus, qui sont décedez revêtus de leurs Offices, ou qui après les avoir exercez pendant vingt-ans, ont obtenu des Lettres de Veterances, sont maintenus & confirmez dans leurs Privileges; & par consequent ne sont point dans le cas du Recouvrement, non plus que les veuves, enfans & descendans des Pourvûs de pareils Offices créez avant 1689. qui en seront decedez revêtus ou qui auront obtenu des Lettres de Veterances, soit que la finance excede ou soit au dessous de dix mille livres.

III

Acquereurs de Lettres de Noblesse.

TOUS les Acquereurs de Lettres de Noblesse moyennant finance depuis le premier Janvier 1689. ensemble leurs veuves, enfans & descendans, & même les enfans & descendans de ceux desdits Annoblis qui sont decedez, sont dans le cas du Recouvrement, & n'en peuvent être exceptez, à moins que le Roy ne juge à propos de les excepter en consideration de leurs services. Les Directeurs s'attacheront exactement à cet Article, afin de n'obmettre aucuns desdits Annoblis qui possedent des Fiefs.

IV.

Noblesse graduelle aux Officiers des Cours, Compagnies Superieures, & Bureaux des Finances.

LA Noblesse au premier degré, attribuée par l'Edit du mois d'Octobre 1704. aux Officiers des Cours, Compagnies Superieures & Bureaux des Finances étant revoquée, & n'étant conservée à ces Officiers par l'Article IV. de l'Edit du mois d'Aoust 1715. que la Noblesse graduelle; les Directeurs doivent s'attacher à connoître ceux desdits Officiers qui ne sont plus revêtus de leurs Offices, & qui n'ont point acquis la Veterance, lesquels sont dans le cas du Recouvrement. Ils doivent pareillement s'attacher à découvrir les enfans de ceux desdits Officiers qui sont decedez, lesquels n'étant point pourvûs d'Offices qui les exemptent, sont dans le cas du Recouvrement, en ce que la noblesse graduelle dont leur pere étoit revêtu, ne leur donne aucun privilege.

V.

Gouverneurs des Villes, Lieutenans de Roy & Majors.

PAR Edit du mois de Decembre 1708. portant rétabliſſement des Offices de Gouverneurs des Villes, & Création de Lieutenant de Roy, & Major dans toutes les Villes fermées, & par la Declaration du 11. Juin 1709. Sa Majeſté a attribué aux Pourvûs deſdits Offices de Gouverneurs, Lieutenans de Roy, & Major des Villes, les Privileges de la Nobleſſe & pluſieurs Exemptions; mais ces Privileges ſe trouvans ſupprimez par l'Article V. de l'Edit du mois d'Aouſt 1715. leſdits Directeurs auront ſoin de s'informer dans leurs Départemens du nombre de ces Officiers, de la finance qu'ils ont payée, des Fiefs qu'ils poſſedent, & du revenu d'iceux, dont ils envoyeront les Memoires pour les faire employer dans les Contraintes.

VI.

Maires, Lieutenans de Maires, &c.

LES Offices de Maires, Lieutenans de Maires, Echevins, Conſuls, Capitouls, Jurats, Avocats & Procureurs du Roy, Aſſeſſeurs Commiſſaires aux Revûës, Controlleurs deſdits Commiſſaires, Secretaires & Greffiers des Hôtels de Ville, ont été ſupprimez par l'Edit du mois de Juin 1717. il avoit été attribué à ces Offices.

SÇAVOIR.

PAR Edit du mois d'Aouſt 1692. les mêmes Privileges dont joüiſſoient les Conſeillers de Ville, & autres Officiers de la Communauté.

Par Edit du mois de May 1702. aux Maires & Lieutenans de Maires, la Nobleſſe dans les Villes où elle avoit été auparavant attribuée, aux Maires & Echevins par Declaration du 19. Aouſt 1702. la même attribution de Nobleſſe.

Par l'Edit du mois de Novembre 1706. les Maires, leurs Lieutenans, Echevins & Officiers des Villes du Royaume en Titre ou Electifs, en faveur deſquels Sa Majeſté avoit continué les Privileges de Nobleſſe, nonobſtant la révocation portée par l'Edit du mois de Mars 1667. qui avoient exercé leurs Charges depuis l'année 1687. ont été confirmez dans la joüiſſance du Privilege de Nobleſſe, comme auſſi les Maires & Echevins des Villes d'Angouleſme, Cognac, Niort, la Rochelle, Saint Jean d'Angely, Angers, Bourges, Tours, Abbeville, Nantes, & autres.

Par l'Edit du mois de Janvier 1704. portant création d'Offices, d'Echevins, Conſuls, Capitouls, ou Jurats dans toutes les Villes & Communautez du Royaume: il leur eſt attribué entre autres Privileges celui de poſſeder tous Fiefs & Terres nobles, ſans être ſujets aux Droits de Franc-Fiefs.

Par l'Edit du mois d'Aoust 1692 & par la Declaration du 6. Septembre 1712. il est attribué aux Offices de Commissaires aux Revûës entre autres Privileges, celui de prendre la qualité d'Ecuyer.

Au moyen de la suppression de tous lesdits Offices, & de ce qui est porté par l'Article V. de l'Edit du mois d'Aoust 1715. tous ces Officiers sont sujets au Recouvrement pour les Fiefs qu'ils possedent ; ainsi que leurs veuves, enfans & descendans, & les Directeurs doivent s'attacher avec soin sur cet Article qui est de consequence, par la quantité des Particuliers qu'il concerne.

VII.

Capitaines, Lieutenans, Majors, & Aydes-Majors pour servir sur les Côtes Maritimes, & Commissaires de Milice Garde-Côtes.

PAR l'Edit du mois de Février 1705. portant Création de quatre vingt-dix Capitaines Generaux pour servir sur les Côtes Maritimes du Royaume, quatre-vingt-dix Lieutenans Generaux, un Major, & un Ayde Major pour chacune Capitainerie, il est attribué aux Pourvûs de ces Offices entre autres Privileges celui de prendre la qualité d'Ecuyer.

Par autre Edit du mois de Juillet 1707. il a été pareillement créé vingt Capitaines Generaux, vingt Lieutenans Generaux, vingt Majors, vingt Aydes-Majors, pour servir sur les Côtes Maritimes avec les mêmes Privileges que dessus.

Et par Edit du mois de Septembre 1709. il a été créé cent Commissaires de Milice-Garde Côtes, ausquels il est pareillement attribué la qualité d'Ecuyer & l'exemption des Droits de Franc-Fiefs.

Tous ces Offices sont supprimez par Edit du mois de Janvier 1716. les Directeurs des Generalitez où ces Offices avoient été établis donneront leurs soins pour sçavoir les noms de ces Officiers; les Fiefs qu'ils possedent & les Revenus d'iceux dont ils envoyeront des Memoires les plus exacts qu'il leur sera possible, afin de les faire employer dans les Contraintes.

VIII.

Officiers de Greniers à Sel.

PAR Edit du mois d'Octobre 1694. Sa Majesté à créé dans chaçune des Villes, où il y a des Elections établies, un Conseiller President.

Un Conseiller Grenetier.

Un Conseiller Controlleur.

Un Procureur du Roy, & un Greffier.

Pour composer la Jurisdiction du Grenier à Sel aux mêmes fonctions & attributions dont joüissoient les Officiers des Greniers à Sel avant l'Edit du mois de Janvier 1685.

Plus, dans chacun des Greniers non unis aux Elections, même dans

dans ceux établis dans la Province de Bourgogne, un Conseiller President.

Supprime les Chambres à Sel dependantes des Greniers à Sel du Royaume & crée & établit en chacune d'icelle, un Conseiller President, un Conseiller Grenetier, un Conseiller Controlleur; un Procureur du Roy & un Greffier; attribuë à tous lesdits Officiers plusieurs Privileges, & entr'autres celui d'acquerir & posseder des Terres nobles sans être tenus de payer aucunes taxes pour raison d'icelles.

Par autre Edit du mois de Novembre 1707. il a été créé de semblables Offices que dessus, alternatifs & trienuaux dans chacun desdits Greniers & Chambres à Sel, aux mêmes Honneurs & Privileges portez par l'Edit du mois d'Octobre 1694.

Et par Declaration du Roy du 20. Fevrier 1717. les Offices de Presidens dans les Greniers à Sel, créez par Edit du mois d'Octobre 1694. dans les Villes où il n'y a point d'Election, & où il y a un President établi en execution de l'Edit du mois de Novembre 1689. sont supprimez.

Ces Officiers se trouvent compris pour la suppression de leurs Privileges dans l'Article VI de l'Edit du mois d'Aoust 1715. tant pour ceux supprimez qu'existans, à moins que la premiere finance de ces derniers ne soit de dix mille livres. Si ces Officiers possedent des Fiefs ou autres Biens nobles, les Directeurs auront soin d'en envoyer des Memoires biens circonstanciez pour les faire employer dans des Contraintes.

IX

Présidens des Présidiaux.

PAR Edit du mois de Février 1705. il a été créé deux Offices de Presidens dans les Presidiaux, où il n'y en avoit point d'établi, & un où il n'y en avoit qu'un, avec attribution de Droits, pour raison dequoi il leur a été accordé plusieurs Privileges & entr'autres, l'exemption des Droits de Franc-Fiefs, Ban & Arriereban.

Ces Privileges se trouvent pareillement supprimez par ledit Article VI. de l'Edit du mois d'Aoust 1715 & les Directeurs doivent s'informer si les Presidens des Presidiaux de leurs départemens possedent des Fiefs & en envoyer les Memoires comme dessus.

X.

Officiers de l'Artillerie.

PAR Edit du mois d'Aoust 1703. Sa Majesté a créé nombre d'Officiers de l'Artillerie, ausquels il a été attribué le Privilege de prendre la qualité d'Ecuyer, tant qu'ils possederont lesdits Offices, & par autre Edit du mois de May 1704. il en a été créé d'autres par augmentation.

Par Edit du mois de May 17 6. lesdits Offices creez, tant par lesdits Edits d'Aoust 1703. & May 1704. que par ceux d'Octobre 1704 Novembre 1706. Mars 1708. & Fevrier 1715. ont été supprimez, par consequent les Directeurs doivent aussi informer de ceux de ces Officiers demeurans dans l'étenduë de leurs départemens; ainsi que des Fiefs qu'ils possedent & en envoyer des Memoires les plus exacts qu'il leur sera possible.

XI.

Commissaires des Troupes de la Maison du Roy.

PAR Edit du mois de May 1711. Sa Majesté a accordé la Noblesse aux quatre Commissaires des quatre Compagnies des Gardes du Corps, aux deux Commissaires des deux Compagnies de Mousquetaires, à celui de la Compagnie des Grenadiers, à celui des Gendarmes, à celui des Chevaux legers, aux quatre des Compagnies de Gendarmerie, aux deux premiers Commissaires du Regiment des Gardes Françoises, & aux autres quatre Commissaires suivans ledit Regiment, au Commissaire General du Regiment des Gardes Suisses & à leurs Successeurs ausdits Offices, au même degré qu'elle a été accordée aux cent trente Commissaires ordinaires des Guerres par l'Edit du mois d'Octobre 1709. & ce moyennant finance, pour raison de laquelle il leur a été attribué des Gages au denier vingt.

Par Declaration du cinq May 1711. la même Noblesse a été accordée aux deux Commissaires Syndics des Commissaires ordinaires des Guerres.

Cette attribution de Noblesse se trouvant sans difficulté revoquée par l'Article V. de l'Edit du mois d'Aoust 1715. les Directeurs auront soin de s'informer des Commissaires des Guerres & autres cy-dessus nommez, qui ont des Fiefs, Biens nobles dans leur département, & en envoyeront les Memoires comme dessus.

XII.

Officiers de Milice Bourgeoise.

PAR Edit du mois de Mars 1694. portant création d'Offices de Colonels Majors, Capitaines & Lieutenans des Bourgeoisies, dans les Villes & Bourgs fermez du Royaume, Sa Majesté leur a accordé, entr'autres Privileges, ceux du Service du Ban & arriere-Ban, contribution d'iceux & des Franc-Fiefs.

Ces Privileges avoient été supprimez par l'Edit du mois d'Aoust 1705. mais par l'Edit du mois de Juin 1708. ils ont été rétablis dans lesdits Privileges, en payant les sommes pour lesquelles ils seroient taxez en execution dudit Edit de Juin 1708. Mais tous ces Privileges se trouvant revoquez par les V. & VI. de l'Edit du mois d'Aoust 1715. ils sont sans difficulté dans le cas du Recouvrement.

XIII.

Commissaires Dépositaires des Vaisseaux & Bâtimens, des Prises qui se feront en Mer, & de ceux qui échoüeront.

Par l'Edit du mois de Decembre 1712. portant création d'Offices de Commissaires Dépositaires des Vaisseaux & Bâtimens, des Prises qui se feront en mer & de ceux qui échoüeront, il a été de même attribué à ces Officiers l'Exemption du Droit de Franc-Fief, laquelle se trouve pareillement revoquée par ledit Edit du mois d'Aoust 1715. & par consequent sont dans le cas du Recouvrement.

Commissaires de Marine & Galeres, Inspecteurs, Commissaires de Marine aux Classes, & Inspecteurs des Vivres de la Marine.

Par Edit du mois de Mars 1702. il a été créé cent Offices de Commissaires de Marine & Galeres pour servir les Ports, Havres & aures lieux du Royaume, ausquels il a été, entr'autres choses, attribué la qualité d'Ecuyer & l'Exemption des Droits de Franc-Fiefs.

Par Edit du mois d'Avril 1704. il a été créé huit Inspecteurs Generaux de la Marine & des Galleres, cent Commissaires de Marine aux Classes, & huit Commissaires-Inspecteurs des Vivres de la Marine, à tous lesquels il a été attribué la qualité d'Ecuyer & l'exemption des Franc-Fiefs.

Par autre Edit du mois de Juin 1709. Sa Majesté a annobli les cent Commissaires de Marine, leurs Successeurs esdites Charges, ensemble leurs enfans nés & à naître.

Tous ces Annoblissemens, Privileges & Exemptions sont supprimez par l'Article V. dudit Edit du mois d'Aoust 1715. & par consequent lesdits Officiers ou Descendans sont dans le cas du Recouvrement.

XV.

Commissaire General, & dix Commissaires Provinciaux des Invalides de la Marine.

Par Edit du mois de Mars 1713. Sa Majesté a créé un Commissaire General & dix Commissaires Provinciaux des Invalides de la Marine, ausquels a été attribué sçavoir, au Commissaire General residant à Paris les mêmes Privileges qu'aux Secretaires du Roy de la grande Chancellerie, & aux dix Commissaires Provinciaux les Privileges de Noblesse.

Ces Privileges se trouvent de même supprimez par l'Article V. de l'Edit d'Aoust 1715. & par consequent ces Officiers sont dans le cas du Recouvrement.

XVI.

Conservateurs des Offices de France, Gardes des Archives des

Les Offices de Conservateurs des Offices de France, Gardes des Archives des Cours & Jurisdictions, & Tresoriers de France,

Cours & Jurisdictions, & Trésoriers de France, Conservateurs des Gages intermediaires.

Conservateurs des Gages Intermediaires, sont supprimez par l'Edit du mois d'Aoust 1716. ils avoient la qualité d'Ecuyer, qui emportoit de Droit l'Exemption des Droits de Franc-Fiefs, par consequent ils sont de même sans difficulté dans le cas du Recouvrement.

XVII.

Subdelegués de Messieurs les Intendans.

LES Offices de Subdeleguez de Messieurs les Intendans & Commissaires départis dans les Provinces & Generalitez du Royaume, ont été supprimez; il leur avoit été attribué par Arrest du Conseil du premier Juillet 1704. l'Exemption du Droit de Franc-Fief, Ban & Arriere-Ban, par consequent tous ceux qui avoient lesdits Offices de Subdeleguez sont dans le cas du Recouvrement.

XVIII.

Inspecteurs-Conservateurs des Eaux & Forests dans chaque Maitrise particuliere.

PAR Edit du mois de Mars 1706. il a été créé des Offices d'Inspecteurs Conservateurs des Eaux & Foréts en chaque Maîtrise particuliere du Royaume, ausquels il a été attribué l'Exemption du Droit de Franc-Fief.

Ces Privileges sont supprimez par l'Article V. de l'Edit du mois d'Aoust 1715. ainsi ces Officiers sont dans le cas du Recouvrement.

Les Directeurs liront avec soin la presente Instruction & s'attacheront à connoître dans l'étenduë de leur Département tous les Officiers de la qualité y dénommée; les Fiefs qu'ils possedent, la situation d'iceux & le Revenu annuel, dont ils envoyeront des Memoires au Bureau General à Paris, les plus exacts qu'il leur sera possible; afin de les faire employer dans des Contraintes. Ils auront pareillement soin de s'informer, s'il n'y a point d'autres Officiers que ceux contenus en la presente Instruction qui joüissoient ci devant de l'Exemption des Droits de Franc-Fiefs, dont ils donneront pareillement avis au Bureau General.

Ils observeront que les Secretaires du Roy supprimez qui feront leurs soûmissions pour l'Acquisition des nouveaux Offices de Secretaires du Roy, ainsi que les Acquereurs de Lettres de Noblesse qui obtiendront des Arrests de confirmation, doivent les frais qui seront contre eux faits en execution des Contraintes dans lesquelles ils auront été compris jusqu'à la connoissance qu'ils auront donnée ausdits Directeurs par une Signification de leurs Soûmissions & des Arrests de confirmation qu'ils auront obtenus.

Pour éviter de faire des poursuites inutiles, lesdits Directeurs auront soin de n'employer dans les Etats qu'ils envoyeront, que les Particuliers qui sont sans contestation dans le cas du Recouvrement, & au moyen de ce, il n'y aura que la premiere Signification des Rolles à la charge desdits Directeurs; ils n'obmettront pas néanmoins dans leurs Etats les Articles douteux, avec les circonstances qui peuvent déterminer a les employer ou non dans les Contraintes.

Il est d'usage dans quelques Provinces, que les Particuliers qui acquierent des Fiefs d'où relevent plusieurs Rotures, font acquerir par la suite ces mêmes Rotures par des Particuliers, lesquelles ils retirent par Droit de Fief, & par ce moyen se trouvent unies au Fief, néanmoins dans les Declarations qu'ils fournissent, ils n'y comprennent point lesdites Rotures réünies à leur Fief, afin d'en diminuer la valeur. Les Directeurs tâcheront à découvrir ces sortes de fraudes & en donneront avis au Bureau general à Paris.

Comme on est informé que les Directeurs de la Ferme des Franc Fiefs ont compris dans leurs Etats & Contraintes, nombre de Particuliers privilegiez qui ne font point partie de la Ferme & sont dans le cas du Recouvrement, lesdits Directeurs s'attacheront avec soin à les découvrir, & en envoyeront des Etats, contenant leurs noms & qualitez, les Fiefs qu'ils possedent & les Revenus d'iceux.

Les Pourvûs des Offices qui pourront être ci-aprés supprimez ausquels étoit attribué le Privilege de Noblesse ou Exemption de Droit de Franc-Fiefs, tomberont dans le cas du Recouvrement, conformément à l'Arrest du Conseil du 16. Janvier 1717.

Nature des Biens sujets aux Droits de Franc-Fief possedez en proprieté par Roturiers.

Les Fiefs, Arrieres-Fiefs, Fief-Ferme, & Justice par aliénation ou des Domaines du Roy, Heritages Nobles, Rentes & Redevances Seigneuriales, en grain ou en argent, Dixmes infeodées: Colombiers, Fuyes & Volieres à Pigeons, Moulins à Eau & à Vent, Droits de Foires & Marchez, Foüage, Moniage Champarts, Pescheries, Etangs à Poisson, Fours & Pressoirs Bannaux, Sergenteries-fieffées, Conciergerie, Droit de Parc, Paccage Pâturage & Chauffages sur les Terres des Domaines & dans les Forêts du Roy & autres Droits & Biens nobles.

NOUVEL ACQUEST.

Ce Droit n'eſt dû par les Gens de Main-morte, que pour les biens dont ils ont l'uſufruit ſans la proprieté.

Il y en a de deux eſpeces.

L'une regarde les Communautez Laïques, qui ſont les Habitans des Villes & Bourgs, Villages & Hameaux, leſquels poſſedent en commun les Droits de Glandages, Paccages & autres énoncez dans l'Arreſt du 23. Janvier 1691.

Et l'autre, les Communautez Regulieres & Seculieres, les Titulaires des Benefices (Pour les biens qui concernent leurs Benefices) & autres Gens de Main-morte.

Le premier s'impoſe annuellement ſur toutes les Paroiſſes de chaque Generalité, par Meſſieurs les Intendans, dans la forme preſcrite par l'Article huit de l'Edit du mois de May 1708. ſur le pied du vingtiéme du revenu liquidé en execution de la Declaration du 9. Mars 1700. en vertu des Arreſts particuliers, ou ſuivant les Rolles arrêtés au Conſeil, lorſque c'eſt un Traité, & les états de contraintes, lorſque c'eſt une Ferme.

Traité de Fumée. Ce Droit a été payé en execution de la Declaration du 5. Juillet 1689. ſçavoir au Traité de Fumée par les Communautez Laïques des Provinces du dedans du Royaume pour dix-ſept années & demie échûës alors depuis 1672.

Et dans les Provinces de Flandres, Haynault & Artois en execution des Declarations des 21. Novembre 1695. & 8 Octobre 1697. à Martin Aubert pour vingt années commencées en 1675.

Traité de Chaplet. Il a auſſi été payé en execution de la Declaration du 9. Mars 1700. à Chaplet Traitant pour dix années & demie, depuis le 5. Juillet 1689. juſqu'au premier Janvier 1700.

Ferme de Chaplet. Et audit Chaplet pour les deux années de ſa Ferme, depuis le premier Janvier 1700. juſqu'au premier Janvier 1702. en vertu de la même Declaration du 9. Mars 1700.

Traité de le Liévre. Le même Droit a été payé au Traité de le Liévre en execution de l'Edit du mois de May 1708. pour ſix années quatre mois depuis ledit jour premier Janvier 1702. juſqu'au premier dudit mois de May.

Ferme de Sadet. A la Ferme de Sadet en execution de l'Edit du mois de Septembre 1710. pour six années onze mois, depuis le premier May 1708. jusqu'au premier Avril 1715.

A celle de Normand pour trois années neuf mois depuis ledit jour jusqu'au dernier Decembre 1718. en vertu de l'Edit du mois de Février 1715. *Ferme de Normand.*

A celle de Lambert pour une année depuis ledit jour jusqu'au dernier Decembre 1719 *Ferme de Lambert.*

Et il est dû à celle de Pillavoine pour neuf années qui ont commencé le premier Janvier 1720. & qui finiront le dernier Decembre 1728. *Ferme de Pillavoine.*

Le Directeur ne manquera pas de prier M. l'Intendant d'en faire faire tout les ans, l'imposition par avance dans son Département pendant le cours du Bail de Pillavoine, ou de le faire par une seule imposition pour les neuf années dudit Bail.

L'autre Droit de nouvel Acquest se paye pour tous les biens qui sont donnez aux Gens de Main-morte, à titre d'usufruit pendant un certain tems, aprés l'expiration duquel, l'usufruit retourne à celui à qui la proprieté appartient.

Quoique cette espece se trouve assez rarement, le Directeur ne laissera pas d'y avoir attention & de la faire faire aux Buralistes, afin qu'aucune nature de Droit ne leur échappe.

Lorsque les Droits d'Amortissemens étoient en Traité, l'on faisoit payer aux Gens de Main-morte, celui de nouvel Acquest pour tous les biens qu'ils possedoient à quelque titre que ce fût, à compter du jour de la proprieté jusqu'au jour de l'Amortissement, parce que tant qu'un bien n'est pas amorti, il est toûjours susceptible de nouvel Acquest.

Il n'en est pas de même des Fermes, pendant lesquelles le Droit n'est dû que pour les biens dont les Gens de Main-morte ont seulement l'usufruit, comme on vient de l'expliquer, & non pas pour ceux dont ils ont la proprieté, parce que les Fermiers sont en droit de leur faire payer l'Amortissement aprés l'an & jour, à compter de celui qu'ils sont devenus proprietaires, & qu'aprés que l'Amortissement est payé, il n'est point dû de nouvel Acquest.

FIN.

www.ingramcontent.com/pod-product-compliance
Ingram Content Group UK Ltd.
Pitfield, Milton Keynes, MK11 3LW, UK
UKHW020230180726
13838UKWH00005B/2306

9 782329 304274